Claude Vivier

Cinq chs
pour percussion

arrangement for
three percussionists

by David Kent

HENDON MUSIC

 BOOSEY & HAWKES

 AN IMAGEM COMPANY

DISTRIBUTED BY
HAL•LEONARD®
CORPORATION
7777 W. BLUEMOUND RD. P.O. BOX 13819 MILWAUKEE, WI 53213

www.boosey.com
www.halleonard.com

Published by Boosey & Hawkes, Inc.
229 West 28th Street, 11th Fl
New York NY 10001

www.boosey.com

 AN IMAGEM COMPANY

ISMN 979-0-051-106226

Music engraving by Odile Gruet and Peter Sims
German translations by Michael Walz

First printed 1980
Second impression, arranged for 2 or 3 percussionists, 2012
Third impression, arranged for 3 percussionists, November 2013

COMPOSER'S NOTE

Five Songs for Percussion means just what the title suggests. The term "songs" is used in the Asiatic sense and describes five musical statements based on a few notes each. It is dedicated to my friend, the virtuoso David Kent.

"Morning song"
a few reflected sounds on which the spirit focuses –
which take life in them, on them –
"Midday song"
comes to life as a tender and sweet melody, which
flutters here and there to catch its breath
"Song of the sun"
exuberant hymn to the sun, which spins around on its
own axis and never ends
"Song to death"
brooding eyes hover over the abyss of life – meditation
"Song for goodbye"
as if in a dream, everything coalesces!

—Claude Vivier

PROGRAM NOTES

Several years ago, I was asked to perform a piece for solo percussionist with The Festival Singers of Toronto, a piece in which I was supposed to recite verses from Pinocchio with a childlike voice. The composer of course was Claude Vivier, and it was the first of many occasions in which Claude's music would challenge me. I immediately felt an affinity for his music that was to culminate in a commissioned solo work years later.

Claude was always enchanted with Indonesian culture, and when I returned from there with a gamelan collection, we both knew it was inevitable that he would someday write a piece for these instruments. During the time he was writing *Cinq chansons pour percussion,* we collaborated more than ever. I remember him often phoning during the night to play excerpts on the piano while shouting in the background. The piece is intense, dynamic, and rhythmically vital, while pushing technique to its limits. Although the mood changes from song to song, the prevailing atmosphere is a very personal one. Perhaps this is why Claude always referred to it as "a very special piece."

I premiered it in June 1982 in Toronto and although Claude did receive the good reviews in Paris, he never did actually hear it. Perhaps it is one of the many paradoxes in his life that a piece he considered to be one of his most personal works was to be shared by everyone except himself.

When I was asked by Nexus Percussion Ensemble to join them for their 40th anniversary concert last year, Bob Becker and I enthusiastically discussed a performance of Vivier's *Cinq Chansons*. At the same time, I wanted the repertoire to involve performing with Nexus. Suddenly it occurred to me that if I could do an arrangement of the piece for three players, I would address my desire to include Nexus while at the same time solve the performance problems inherent in a solo performance of this piece.

In this arrangement I have separated intertwining parts, originally written for one player, to form a very playable trio. This solves some of the awkward logistical moments and sticking problems in the original, while clarifying articulations, dynamics and tempo relationships. In particular, the *Chanson du Soleil* has been arranged for players in hocket style – resembling the Balinese practice to which Vivier clearly was referring. Ideally, this should be done with two sets of trompong/bonang. In the likely absence of two sets of these gamelan instruments, the two vibraphones, accompanied by the trompong/ bonang as indicated, will achieve the desired result.

I have attempted to be faithful to Claude's original manuscript, and I am confident that this publication by Boosey & Hawkes is a vast improvement over past editions even in that respect alone.

I wish to thank Russell Hartenberger and Bob Becker, who collaborated and assisted in this arrangement and its first performance on March 12, 2011. It is my hope that it will lead to many great performances of this iconic piece of music by percussionists all over the world.

—David Kent

COMMENTAIRE DU COMPOSITEUR

Cinq chansons pour percussion signifie littéralement ce que suggère le titre. Le mot "chansons" est pris dans son sens asiatique: cinq énoncés musicaux composés assez librement autour de quelques notes. Elle est dédiée à mon ami, le virtuose David Kent.

> "Chanson du matin"
>> quelques sons qui se reflètent sur lesquels l'esprit se
>> concentre – qui prennent la vie en eux, sur eux –
>
> "Chanson à midi"
>> naît une mélodie tendre et douce elle se fixe par endroit
>> pour reprendre son souffle
>
> "Chanson du soleil"
>> exubérante hymne au soleil, qui se répète toujours et
>> n'arrête jamais
>
> "Chanson à la mort"
>> des yeux graves se penchent sur l'abime de la vie-
>> méditation
>
> "Chanson d'adieu"
>> comme un rêve tout se mélange!

—Claude Vivier

NOTES DE PROGRAMME

Il y a plusieurs années, on me demanda d'exécuter une pièce pour un percussionniste avec les Festival Singers de Toronto, une pièce dans laquelle je devais réciter des couplets de Pinocchio avec une voix d'enfant. Le compositeur en était naturellement Claude Vivier et ce fut la première de nombreuses occasions au cours desquelles la musique de Vivier allait me poser un défi. Je sentis immédiatement une affinité pour sa musique, ce qui allait aboutir à une commande plusieurs années plus tard.

Claude a toujours été séduit par la culture indonésienne et quand je revins de ce pays avec une collection d'instruments du gamelan nous savions tous les deux qu'il était inévitable qu'il écrive un jour pour ces instruments. À l'époque où il composait *Cinq Chansons* pour percussion, nous avons collaboré plus que jamais auparavant. Je me souviens qu'il me téléphonais souvent la nuit pour me jouer des extraits au piano alors qu'il criait en arrière plan. La pièce est intense, dynamique et d'une grande puissance rythmique et la technique est poussée à la limite. Même si le climat varie d'une chanson à l'autre, l'atmosphère demeure très personnelle. C'est peut-être pourquoi Claude y faisait toujours allusion en la qualifiant de "pièce tout à fait spéciale."

J'en fis la création en juin 1982 à Toronto et bien que Claude reçut par la poste les critiques favorables, il n'entendit jamais l'œuvre. C'est sans doute là un des nombreux paradoxes de sa vie, qu'une pièce qu'il considérait comme l'une de ses plus personnelles ait pu être appréciée par beaucoup, sauf lui.

Lorsque l'ensemble Nexus me demanda de faire parti de leur concert de 40e anniversaire l'année dernière, Bob Becker et moi avons vivement parlé d'une exécution des *Cinq Chansons* de Vivier. En même temps, je voulais que le répertoire implique une performance musicale avec Nexus. Tout d'un coup, il m'est venu à l'idée que si je pouvais faire un arrangement de cette pièce pour trois joueurs, je pourrais satisfaire mon désir d'inclure Nexus tout en résolvant les problèmes inhérent à une exécution solo de cette pièce.

Dans cet arrangement j'ai séparé les parties entrelacées, écrites à l'origine pour un seul exécutant, afin de former un trio très jouable. Ceci résout quelques uns des moments logistiquement difficiles et des problèmes de baguette dans la version originale, tout en clarifiant les articulations, nuances et relations de tempo. En particulier, la *Chanson du Soleil* a été arrangée pour deux joueurs dans le style hoquet—imitant la pratique balinais à laquelle Claude faisait clairement référence. Idéalement, ceci doit être fait avec deux jeux de trompong/bonang. Dans l'absence probable de deux jeux de ces instruments gamelan, les deux vibraphones, accompagnés par le trompong/bonang suivant les indications, obtiendront le résultat souhaité.

J'ai tenté d'être fidèle au manuscrit original de Claude et je suis confiant que cette publication par Boosey & Hawkes est une vaste amélioration sur les éditions précédentes, ne serait-ce qu'à cet égard.

Je voudrais remercier Russell Hartenberger et Bob Becker qui ont collaboré et assisté à la réalisation de cet arrangement et à sa création le 12 mars 2011. J'espère qu'il mènera à de nombreuses grandes interprétations de cette œuvre iconique par des percussionnistes du monde entier.

—David Kent

ANMERKUNGEN DES KOMPONISTEN

Fünf Songs für Perkussion bedeutet genaus das was der Titel andeutet. Der Begriff "Songs" wird hier im asiatischen Sinne verwendet und beschreibt, auf jeweils wenig Noten basierend, fünf musikalische Statements. Sie sind meinem Freund, dem Virtuosen David Kent, gewidmet.

Diese fünf Songs sind:

"Morgen Song"
    ein paar reflektierende Klänge, an denen sich der Geist
    festhält – ihm Leben einhauchen –
"Mittag Song"
    kommt als zarte und süsse herumflatternde Melodie
    daher um sich Atem zu verschaffen
"Song für die Sonne"
    überschwängliche Hymne zu Ehren der Sonne, die sich
    endlos um ihre eigene Axe dreht
"Song für den Tod"
    sorgenvolle Blicke gleiten über den Abgrund des Lebens –
    Meditation
"Song des Abschieds"
    ganz wie in einem Draum, wo sich alles zusammenfügt

—Claude Vivier

PROGRAMMHEFT

Vor einigen Jahren wurde ich anlässlich des Festivals Singers of Toronto gefragt eine Komposition für Solo Perkussion zu schreiben. Eine Komposition in der ich eine Kinderstimme Verse aus Pinocchio rezitieren lassen sollte. Der hierfür ausgesuchte Komponist war Vivier und es war die erste von vielen Gelegenheiten, in der Claude's Musik mich herausfordern sollte. Sofort fühlte ich mich von seiner Musik angezogen die Jahre später in einer Soloauftragsarbeit gipfeln sollte.

Claude war schon immer von der indonesischen Kultur sehr angetan und als ich von dort mit einer Gamelan Sammlung zurück kam, wussten wir beide, dass er eines Tages unausweichlich eine Komposition für diese Instrumente schreiben werde.

Während er *Cinq chansons pour percussion* komponierte, arbeiteten wir sehr stark zusammen. Ich erinnere mich wie wir oft nachts telefonierten und er Auszüge am Piano vorspielte und dabei aus der Ferne förmlich ins Telefon schrie. Die Komposition ist sehr kraftvoll, dynamisch rhythmisch vital und zugleich spieltechnisch sehr herausfordernd. Obwohl die Stimmung von Song zu Song wechselt, ist die vorherrschende Stimmng eine sehr persönliche. Vielleicht ist dies der Grund warum Claude es immer als eine ganz besondere Komposition betrachtete.

Die Uraufführung fand im Juni 1982 in Toronto statt und obwohl Claude von den guten Kritiken erfuhr, hatte er das Stück nie live gehört. Vielleicht ist es eine von vielen Paradoxien in seinem Leben, dass ein Stück, welches er als eines seiner persönlichsten Werke betrachtete, von vielen gehört wurde ausser ihm selbst.

Während ich von dem Nexus Percussion Ensemble gefragt wurde sie anlässlich ihres 40. Jubiläumskonzert zu begleiten, diskutierten Bob Berger und ich euphorisch über die Aufführung von Viviers *Cinq Chansons*. Ich hatte bereits ins Auge gefasst Nexus für diese Aufführung zu gewinnen. Gleich kam mir der Gedanke, dass wenn ich ein Arrangement des Stückes für drei Musiker schreiben könnte, ich meinen Wunsch Nexus als Musiker zu gewinnen und zu gleich Aufführungsprobleme, die mit einer Solo-Aufführung einhergehen würden, realisieren könnte

In diesem Arrangement habe ich die verwobenen Sätze, welche ursprünglich für einen einzigen Musiker geschrieben wurden, für ein Trio umarrangiert. Dies löst einige problematische Stellen des Originales und klärt Artikulation, Dynamik- und Tempo-Fragen. "Chanson du Soleil" ist im Hocketstil arrangiert. Es ähnelt sehr stark der balinesischen Spielweise auf die sich Vivier offensichtlich stark bezog. Idealerweise sollte dies mit zwei Paar Trompong-Bonang gespielt werden. Im Falle der Abwesenheit von zwei dieser Gamelaninstrumente erzielen zwei Vibraphone das erwünschte Ergebnis.

Ich habe versucht mich treu an Claudes Originalmanuskript zu halten und ich bin zuversichtlich, dass diese Veröffentlichung durch Boosey & Hawkes eine grosse Verbesserung gegenüber früheren Ausgaben darstellt.

Ich möchte meinen besonderen Dank an Russell Hartenberger und Bob Becker aussprechen, der an diesem Arrangement mitwirkte und die erste Aufführung am 12. März 2011 leitete. Es ist meine Hoffnung, dass es zu vielen gelungenen Aufführungen dieses einzigartigen Stückes für Perkussionisten der ganzen Welt beitragen wird.

—David Kent

INSTRUMENTATION

(GAMELAN INSTRUMENTS)

16 Trompong ou Bonang
(idéalement deux ensembles de 16)
(carillon de gongs bulbés javanais ou balinais)

16 Trompong or Bonang
(ideally two sets of 16)
(Indonesian domed pots)

2 Vibraphones

2 Vibraphones

10 Gongs à Mamelon

10 Nipple Gongs

2 Chang (Temple Bowls japonais)

2 Chang (Japanese Temple Bowls)

1 Chang Grave
(très grand Temple Bowl,
si possible en Do,)

1 Low Chang
(very large Temple Bowl,
if possible sounding C2)

1 Gong Chinois (or Medium Tam-tam)
(grandeur moyenne)

1 Chinese Gong (medium sized)

Duration: ca. 22'

CINQ CHANSONS SET-UP

Audience

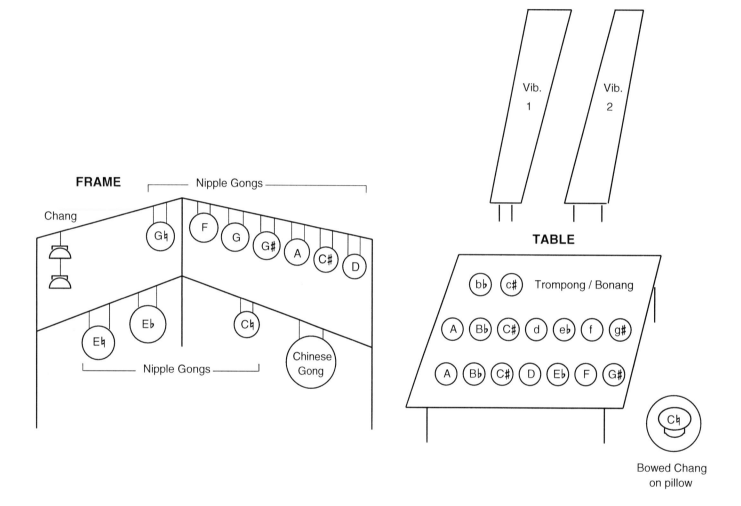

FRAME

Chang

Nipple Gongs

G♮ F G G♯ A C♯ D

E♮ E♭ C♮

Nipple Gongs

Chinese Gong

Vib. 1 Vib. 2

TABLE

b♭ c♯ Trompong / Bonang

A B♭ C♯ d e♭ f g♯

A B♭ C♯ D E♭ F G♯

C♮

Bowed Chang on pillow

à David Kent

CINQ CHANSONS POUR PERCUSSION

arranged for 3 percussionists by David Kent

I. Chanson du matin

CLAUDE VIVIER
1980

ISMN 979-0-051-10622-6

1st X ♪ = 70
2nd X ♪ = 100-110

II. Chanson à midi

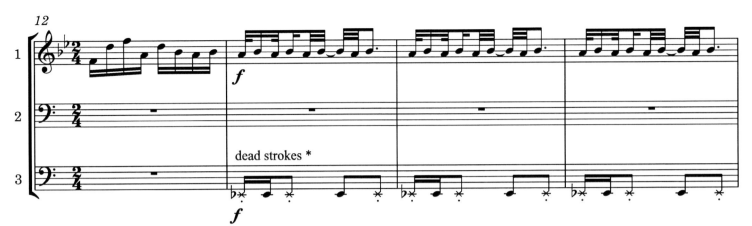

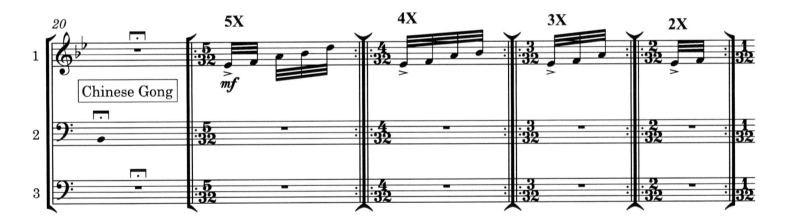

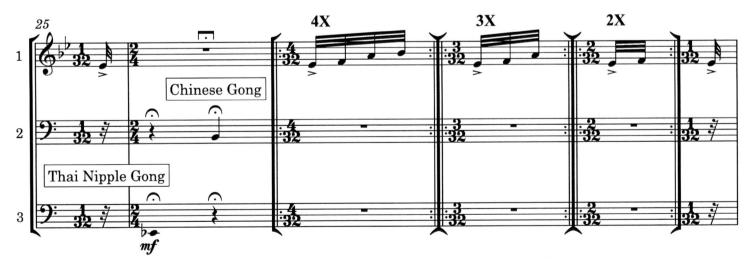

* X noteheads with a staccato dot denote a "dead stroke" or stopped note, achieved by holding down the
head of the mallet on the instrument after striking. This damps all resonance.

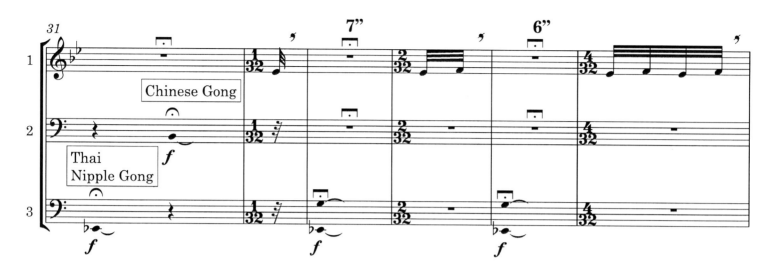

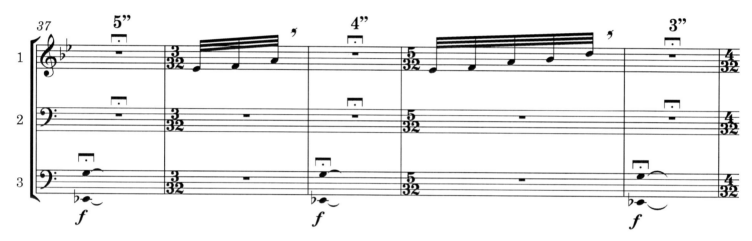

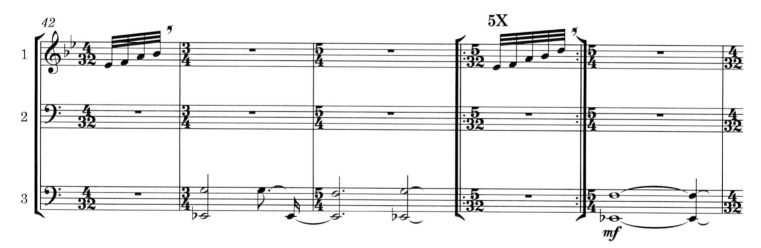

II. Chanson à midi

7

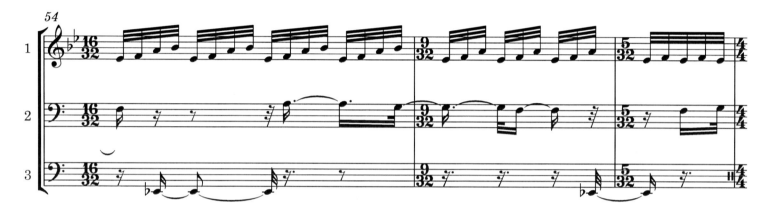

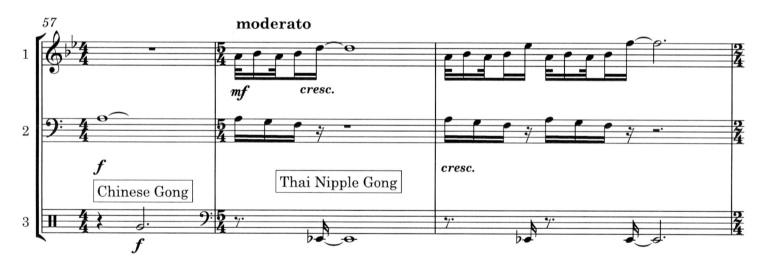

III. Chanson au soleil

* For Song III, if 2 sets of trompong-bonang are available, play only parts 1 & 2 up to and including bar 41.

If only 1 set of trompong-bonang is available, Player 1 plays part 1 on that set,
while Players 2 and 3 should play the corresponding vibraphone parts marked 2 and 3.

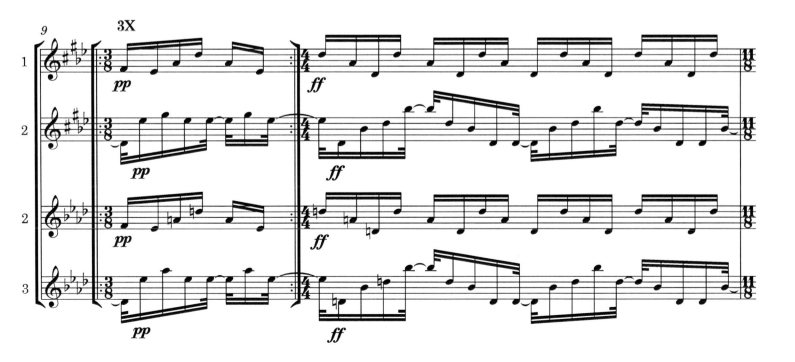

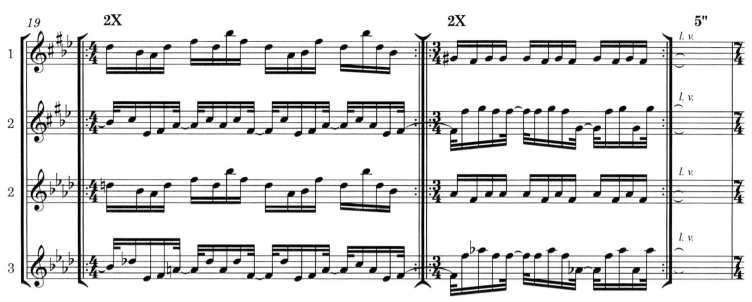

III. Chanson au soleil

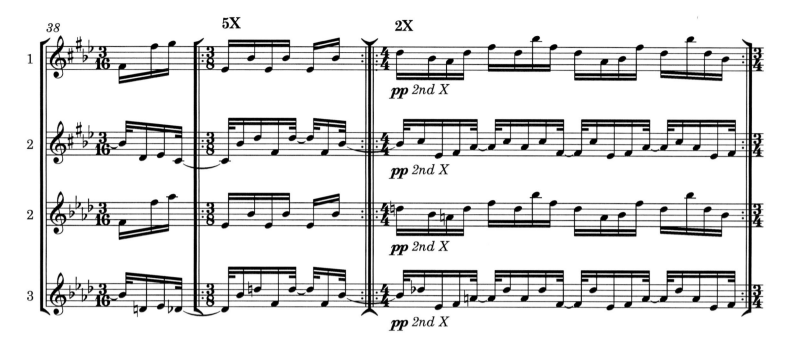

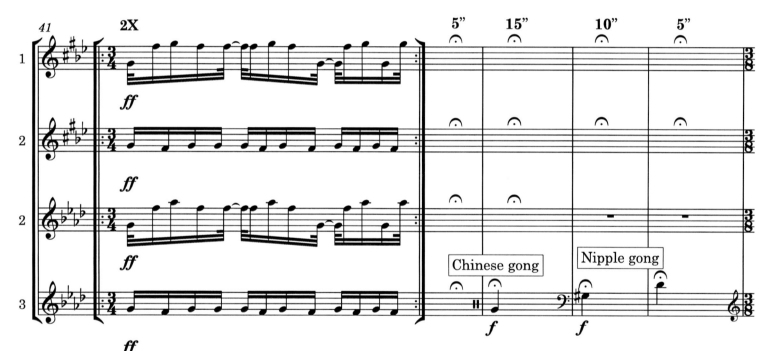

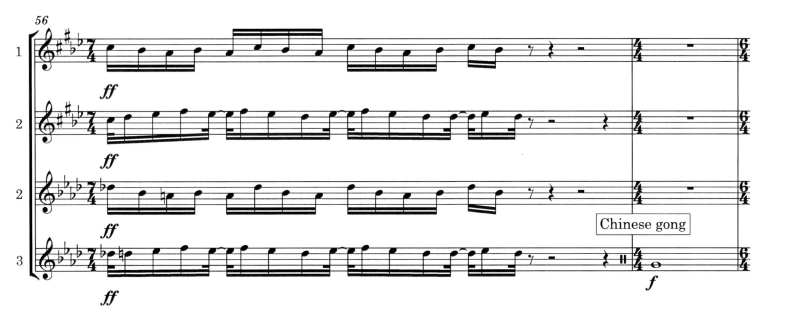

IV. Chanson à la mort

* X noteheads with a staccato dot denote a "dead stroke" or stopped note, achieved by holding down the
head of the mallet on the instrument after striking. This damps all resonance.

V. Chanson d'adieu

V. Chanson d'adieu

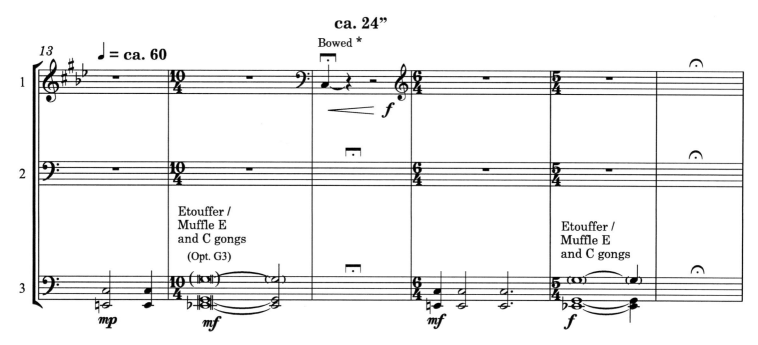

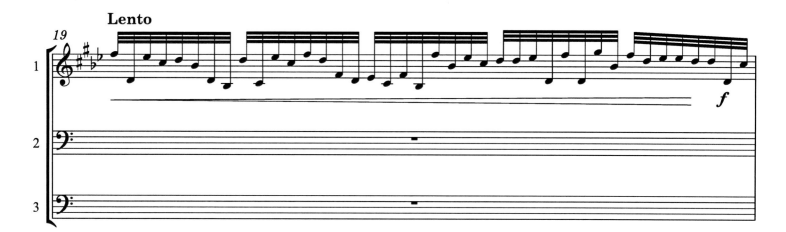

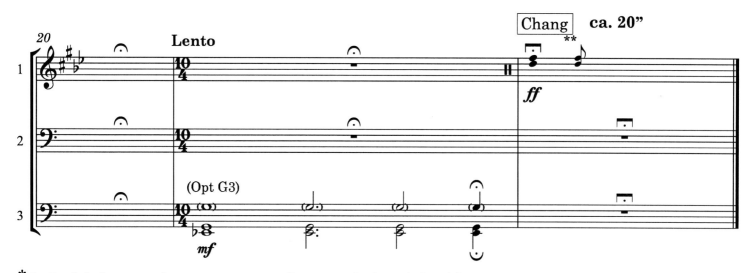

* frotter le bol avec une baguette recouverte d'une peau de chamois jusqu'à ce qu'un son complet est obtenu
rub the bowl with a chamois-covered mallet until a full tone is heard

** étouffer avec un léger son de contact des baguettes
muffle with a slight contact sound from the mallets